HOMELIE XLII.

SUR

LA PISCINE PROBATIQUE

POUR

LE VENDREDY

DES QUATRE-TEMPS DE CARÊME.

Par Monsieur le Curé de Saint Sulpice de Paris.

A PARIS,

Chez RAYMOND MAZIERES, ruë Saint Jacques, prés la ruë de la Parcheminerie, à la Providence.

M. DCCXIII.

Avec Approbation, & Privilege du Roy.

TEXTE DU SAINT EVANGILE SELON SAINT JEAN.

APrés ces choſes, le jour de la Fête des Juifs étant arrivé, Jeſus vint en Jeruſalem: or il y avoit à Jeruſalem une Piſcine probatique, nommée en Hebreu Betzaïda, ayant cinq portiques, ſous leſquels une grande multitude de languiſſans, d'aveugles, de boiteux, d'étiques, étoient giſans, attendant le mouvement de l'eau : car l'Ange du Seigneur à certain temps deſcendoit dans la Piſcine, & l'eau étoit agitée, & celui qui deſcendoit le premier dans la Piſcine aprés la motion de l'eau étoit gueri de quelque infirmité, dont il fût atteint. Or il y avoit là un certain homme qui avoit paſſé trente-huit ans dans ſon infirmité; Jeſus l'ayant vû giſant, & connu qu'il étoit malade depuis long-temps, lui dit: Voulez-vous être gueri? Ce pauvre languiſſant lui répondit : Seigneur, je n'ay point d'homme qui me mette dans la Piſcine, lorſque l'eau eſt troublée : car tandis que je me leve pour y aller, un autre me precede, & y deſcend plûtôt que moi. Jeſus lui dit : Levez-vous, prenez vôtre grabat, & marchez ; & cet homme fut à l'inſtant gueri, & leva ſon grabat, & marchoit. Or il étoit Sabat ce jour-là. Les Juifs dirent donc à celui qui avoit été gueri ; il eſt aujourd'hui Sabat, il ne vous eſt pas permis d'enlever vôtre grabat. Il leur répondit : Celui qui m'a gueri, m'a dit, emportez vôtre grabat, & marchez. Ils l'interrogerent donc, qui eſt cet homme-là qui vous a dit, emportez vôtre grabat, & marchez ? mais celui qui avoit été gueri, ne ſçavoit pas qui il étoit, parce que Jeſus s'étoit retiré de la foule du Peuple là aſſemblé. Aprés cela, Jeſus le trouva dans le Temple, & lui dit : Voilà que vous êtes gueri à preſent, allez, & ne pechez pas encore, de peur qu'il ne vous arrive quelque choſe de pis. Cet homme s'en alla trouver les Juifs, & leur annonça que c'étoit Jeſus qui l'avoit gueri. *Saint Jean chap. 5.*

Domine hominem non habeo. Joa. c. 5. v. 6.

Surge
Tolle Grabatum tuum et ambula. Joa. c. 5. v. 8

G. Scotin major Sc.

HOMELIE SUR LA PISCINE PROBATIQUE.

S'IL y eut jamais dans la Synagogue un symbole visible du Sacrement de pénitence, qui devoit un jour s'établir dans l'Eglise pour la resurrection spirituelle des pécheurs, même des plus endurcis, dont le paralytique de trente-huit ans étoit la figure, sans doute que c'est celui qui nous est representé dans l'Evangile d'aujourd'hui. Examinons-en les circonstances.

1°. C'est une Piscine, ou un grand reservoir d'eau, dans lequel les malades étant plongez recouvroient la santé, de quelque infirmité dont ils fussent atteints.

2°. C'étoit dans ce baſſin, où les Prêtres & Levites lavoient les victimes qu'on offroit en ſacrifice ſur l'Autel ; ou du moins c'étoit une Piſcine inferieure au pied de la montagne du Temple, dans laquelle découloit par de ſecrets canaux l'eau de cette Piſcine ſuperieure, laquelle avoit ſervi à laver les victimes, & qui s'y conſervoit comme dans un reſervoir ſacré : *Nam Hoſtias in eo lavari à Sacerdotibus ſolitas ferunt, unde & nomen accepit.*

S. Hieron. de locis Heb. p. 422.

3°. Le mot de Piſcine probatique, veut dire *la Piſcine des Brebis*, victimes les plus ordinaires qu'on immoloit au Seigneur. Il ſignifie auſſi la Maiſon de miſericorde, que ſans doute on s'attiroit par ces ſacrifices religieux, en les offrant au Seigneur, & que le Seigneur répandoit ſur ces pauvres malades, en leur redonnant la ſanté.

4°. Les cinq portiques ou galeries, dont cette Piſcine ſalutaire étoit entourée, & ſous leſquelles giſoient les malades qui venoient y chercher la ſanté, repreſentoient l'état du Peuple ancien, ſous les cinq Livres de la Loi, qui par elle-même n'avoit pas la vertu de guerir le Juif infirme, & languiſſant, dit ſaint Auguſtin : *Unde & quinque illis porticibus languidi prodebantur, non ſanabantur.*

Hic.

5°. Le lieu de cette Piſcine, étoit le Temple de Jeruſalem, conſacré au culte divin, à l'oblation des ſacrifices, à la purification des péchez, à la ſanctification des ames.

6°. Cet Ange qui deſcendoit de temps en temps dans la Piſcine, qui remuoit l'eau, & d'où s'enſuivoient les gueriſons, fait voir que le caractere miraculeux n'a jamais manqué dans la Synagogue juſqu'à la fin, à plus forte raiſon ne manquera-t-il jamais dans l'Egliſe.

7°. Le jour de Fête auquel Jeſus-Chriſt vint à cette Piſcine, & y opera la gueriſon du paralytique, étoit le jour de Pâque, ſelon ſaint Irenée, jour convenable par ſon myſtere, & ſa grace, à la gueriſon entiere des malades ſpirituels, & à la reſurrection de la mort du peché à la vie de la grace: *Aſcendit in diem Feſtum Paſchæ in Jeruſalem, quandò paralyticum juxta natatoriam ſanavit.* Lib. 2. 39. ini.

Or quoique tout le genre humain fût infecté de la lepre du peché originel, & du poiſon des autres infirmitez, & en l'ame & au corps, que la morſure du ſerpent lui avoit cauſé; cependant il paroît qu'il ne s'agit ici particulierement que des pechez actuels, & ſur tout des pechez d'habitude, repreſentez par diverſes maladies, dont on venoit chercher la gueriſon dans cette Piſcine: d'où vient que le Sauveur ayant peu aprés trouvé le paralytique, auquel il avoit rendu la ſanté, lui donna cet avis; voilà que vous êtes gueri, lui dit-il, allez, & ne pechez plus, de peur qu'il ne vous arrive quelque choſe de pis: *Vade, & jam ampliùs noli peccare, ne tibi aliquid deterius contingat.*

C'eſt pourquoi rien ne paroît plus convenable que de voir, & le déplorable état où ces maladies inveterées reduiſent l'homme, & les remedes efficaces auſquels l'homme malade doit recourir pour recouvrer la santé ; l'une & l'autre verité representée dans nôtre Evangile.

PREMIERE CONSIDERATION.

La premiere chose qui se presente à nous en abordant cette Piscine, est la grande multitude d'infirmes qui l'environnent : *Multitudo magna languentium.* Quel spectacle aux yeux du corps, de voir tant de malades ; mais quel spectacle aux yeux de l'ame de voir tant de pecheurs figurez par tant de malades. Quelle surprise ne fut pas celle de Sennacherib, lors qu'à son reveil, il vit les cadavres de cent quatre-vingt-cinq mille Soldats de son armée étendus par terre, que l'Ange exterminateur venoit de tuër en une seule nuit : *Cumque diluculo surrexisset, vidit omnia cadavera mortuorum.*

4. Reg. 19. 35. 2. Paralip. 32.

Mais quel étonnement de voir des yeux de la Foi, non un Peuple entier seulement, mais tout le genre humain, gisant sur la terre, dit saint Augustin, & blessé à mort de la playe du peché, playe d'elle-même incurable, qui ne trouve aucune ressource, ni dans la nature, ni dans l'art : *Ægrotat humanum genus, non morbis corporis, sed peccatis, jacet toto orbe terrarum ab oriente usque ad occidentem grandis ægrotus.* Les malades d'aujourd'hui ne nous sont pas representez, comme tout-à-fait morts spirituellement, quoi qu'ils le soient en effet ; mais comme des moribonds qui n'ont plus qu'un souffle de vie, & qui neanmoins sentant leur maladie, remuez par la grace, cherchent

De verb. Do. H. 59. p. 107.

chent la guerison, recourent aux remedes, & tiennent encore au corps de l'Eglise par la Foi, mais qui n'en sont que des membres perclus, n'ayant, ni le sentiment de la charité, ni le mouvement des bonnes œuvres.

Or combien le nombre de ces malades spirituels est-il grand? *Multitudo magna languentium.* Que d'orgueilleux au monde, d'avares, de sensuels, d'intemperans, de vindicatifs, d'impies, de luxurieux, de scandaleux, de médisans, de blasphemateurs, de voleurs, d'adulteres, de sacrileges, d'homicides, d'heretiques, d'Athées! Combien les œuvres de la chair, qui sont les vrayes maladies de l'ame, inondent-elles sur la terre, comme un autre déluge d'iniquité: *Manifesta sunt opera carnis*, dit l'Apôtre, *quæ sunt fornicatio, immunditia, impudicitia, luxuria, veneficia, inimicitiæ, homicidia, ebrietates, comessationes, contentiones, æmulationes, iræ, rixæ, dissensiones, sectæ*, & autres semblables dissolutions, dont je vous declare, comme je l'ay déja fait, continuë saint Paul, que ceux qui commettent ces crimes ne possederont jamais le Royaume de Dieu.

Quels Chrétiens sont ceux-ci, s'écrie saint Augustin, avares, usuriers, amateurs de ce monde, ennemis de Dieu: *Quales Christiani, qui Christiani, avari, fœneratores, amatores mundi, inimici Dei?* N'est-ce pas eux qui remplissent les Theatres lors des Jeux publics, & qui viennent ensuite remplir les Eglises lors des jours de Fêtes? *Nonne ipsi sunt qui Theatra implent per ludos, & Ecclesiam implent per dies festos.* Qui les jours de solemnitez remplissent les Tribunes de la Jerusalem celeste, & qui les jours de debauches remplissent les Theatres de la Babylone terrestre : *Qui solemnitatibus Jerusalem implent Ecclesias, solemnitatibus Babyloniæ implent Theatra.* N'est-ce pas eux, lesquels ont un banc à l'Eglise, & une loge à la Comedie : *Qui locum suum habent in Ecclesia, & locum in scena*; qui portent sur le front le signe salutaire de la Croix, & qui sur le même front, portent l'impudence de la luxure: *In fronte portantes signum Crucis, simul & in ipsa fronte portantes impudentiam luxuriarum.* Yvrognes, gourmands, envieux, quereleurs : *Ebriosi, voraces, invidi, insectatores alterutrum*, tous occupez de la créature, & tous desoccupez du Créateur : *Laudantes creaturam, obliviscentes Creatorem*; vrais Ismaëlites, hommes tout terrestres, remplis du vin de la prostituée, jusqu'à en perdre la raison : *Terreni Ismaëlitæ, quos fecit ebrios luxuria sæcularis.* Qui ne se repaissent que des plaisirs passagers de ce monde perissable : *Qui voluptatibus rerum transeuntium pascuntur*; qui n'envisagent que les biens du siécle present, & qui ne songent pas seulement aux biens du siécle futur; qui ne connoissent point d'autre vie que celle-ci : *Qui bona hujus sæculi videre norunt, bona autem futuri sæculi nec cogitare sciunt; qui præsentia sola attendunt, futura non cogitant, vitam non putant, nisi istam*; qui ne se donnent d'autre soin que celui d'amasser des richesses temporelles, & n'ont d'autre ambition que de parvenir aux honneurs de ce monde : *Homines non attendentes nisi ad præsentia sæcula-*

ria, & terrena, & in posterum post hanc vitam nihil cogitantes, neque ullam felicitatem esse arbitrantes nisi divitias, & honores hujus sæculi, & transitoriam vitam & felicitatem ; qui ne donnent aucun ordre à l'avenir, sinon qu'aprés leur mort, on leur éleve de superbes Mausolées, qu'on leur fasse de magnifiques obseques, & que leur memoire vive à jamais dans les terres illustrées du titre glorieux de leur nom : *Post obitum autem suum non attendentes, nisi quemadmodùm procurentur eis funera pomposa, & sepeliantur in monumentis, opere mirabili extructis, & invocentur nomina eorum in terris ipsorum* ; qui ne se mettent aucunement en peine de ce que deviendra leur ame au sortir de ce monde, ni quel sera leur sort dans l'autre vie : *Non autem computant ubi spiritus sit post hanc vitam.* Non moins imprudens que celui à qui le Sauveur dit dans l'Evangile : Insensé, qui ne pense pas qu'on te redemandera ton ame cette nuit : *Stulti non contremiscentes vocem Christi dicentis : Stulte, hac nocte animam tuam repetunt à te.* Ensorte que, pour parler avec le Psalmiste, le Seigneur a regardé du haut du Ciel sur les enfans des hommes, afin de voir s'il s'en trouvera quelqu'un qui reflechisse sur ce qu'il a fait ; mais hélas ! tous se sont écartez des voyes de la justice, ils sont devenus abominables dans les affections dépravées de leur cœur, il n'y en a point qui fasse le bien, il n'y en a pas un seul : *Non est qui faciat bonum, non est usque ad unum*, depuis le Peuple jusqu'au grand Seigneur, tous sont des injustes ; depuis le Prophete jusqu'au Prêtre, tous suivent l'iniquité, tous aiment les presens, tous courent aprés la retribution : *A Propheta usque ad Sacerdotem, omnes diligunt munera, sequuntur retributiones.* C'est pourquoi le puits de l'abîme a dilaté son ouverture, l'Enfer a élargi son embouchure, pour y recevoir l'horrible multitude de pécheurs qui s'y precipitent en foule! *Propterea dilatavit infernus animam suam, & aperuit os suum absque ullo termino: & descendent fortes ejus, & populus ejus, & sublimes gloriosique ejus, ad eum.*

Ah! qui donnera des larmes à mes yeux, continuë le Prophete affligé? considerant un tel malheur, qui donnera une source d'eau à mon cœur desolé, pour pleurer nuit & jour la perte de mon Peuple? qui me prêtera une retraite dans le desert, afin que je quitte cette troupe infortunée de prevaricateurs, que j'abandonne ces méchans pour toûjours, parce que je ne puis plus les supporter, ni vivre avec eux? *Quia omnès adulteri sunt, cœtus prævaricatorum.* L'un est corrompu par l'avarice, l'autre par l'ambition, l'autre par la haine, l'autre par la sensualité; tous en un mot sont infectez, d'autant de maladies mortelles qu'ils ont de passions dereglées, ausquelles ils s'abandonnent. A Dieu ne plaise qu'on voulût appliquer à l'Eglise d'aujourd'hui cette universelle prévarication que l'on reprochoit autrefois à la Synagogue; mais on doit gemir de ce qu'il y en a toûjours assez parmi nous pour verifier nôtre texte : *In his jacebat multitudo magna languentium.*

Au reste, quoique le nombre des maladies, soit corporelles, soit spirituelles, dont l'homme puisse être affligé en cette vie, soit trés-grand; cependant ce n'eſt pas ſans myſtere que l'Evangile n'en fait aujourd'hui mention que de cinq, parce que dans leur étenduë elles renferment toutes les autres, ou plûtôt, s'il ne parle que des cinq principaux effets que les pechez produiſent en nos ames, & que ces cinq maladies corporelles figuroient ; ſçavoir, 1°. Une *langueur* mortelle pour le bien dans la volonté: *Multitudo magna languentium.* 2°. Un *obſcurciſsement* déplorable pour la verité dans l'eſprit, *cæcorum.* 3°. Une *infirmité* lamentable pour la vertu dans la chair, *claudorum.* 4°. Une *ſechereſſe* extrême dans le cœur pour les exercices de pieté, *aridorum.* 5°. Un *épuiſement* de forces pour ſe ſoûtenir contre le vice; *jacebat*, ſuivant cette parole déja citée de S. Auguſtin: *Jacet toto orbe terrarum grandis ægrotus*: Tels ſont les cinq portiques, ſpirituellement pris, ſous leſquels giſent une grande multitude de languiſſans, d'aveugles, de boiteux, d'étiques: *In his jacebat multitudo magna languentium, cæcorum, claudorum, aridorum.* Suivons les dans leur ordre.

1°. *Multitudo languentium*: En effet, c'eſt avec grande raiſon que le texte ſacré commence par les *languiſſans*, la langueur étant le vrai caractere d'une volonté malade, laquelle eſt la principale, & la premiere ſource de toutes les maladies: car c'eſt une maxime établie, qu'on eſt tel que ce qu'on aime, ſi vous aimez le Ciel, vous êtes tout celeſte; ſi vous aimez la terre, vous êtes tout terreſtre: *Si terram amas, terra es*: & le Prophete prononce que les pecheurs ſont devenus abominables, comme les choſes abominables

z.'e,9 . 10. qu'ils ont aimées : *Facti ſunt abominabiles, ſicut ea quæ*
dilexerunt. Enfin l'œuvre de nôtre ſanctification eſt
attribuée au Saint-Eſprit, parce qu'il procede par
voye de volonté. Ici qui pourroit dire les langueurs
d'une volonté malade, & qui neanmoins deſireroit
ſa guериſon? Elle veut, & elle ne veut pas; elle fait
quelques efforts pour ſortir du ſommeil létargique
qui l'accable, puis elle ſe laiſſe mollement aller aux
charmes ſecrets de la vanité qui l'aſſoupiſſent. Perſonne n'a jamais tant éprouvé, ni ſi bien exprimé
cet état que ſaint Auguſtin: Les penſées que j'avois
de me convertir à vous, ô mon Dieu, dit il, étoient
ſemblables aux efforts languiſſans d'un homme accablé du ſommeil, qui fait ſemblant de vouloir ſe
lever, mais qui ſe laiſſe auſſi-tôt retomber ſur le che-
C. 8. 1. vet: *Ita ſarcina ſæculi, ut ſomno aſſolet, dulciter premebar;*
& cogitationes quibus meditabar in te, ſimiles erant conati-
Ili 5. *bus expergiſci volentium, qui tamen ſuperati ſoporis altitu-*
dine, remerguntur. La voye étroite qui conduit à la
vie m'attiroit d'un côté, & la pareſſe me retenoit de
l'autre: *Et placebat via ipſe Salvator, & ire per ejus an-*
guſtias adhuc pigebat. J'avois trouvé la perle Evange-
lique, & je balançois à vendre ce que j'avois pour
l'acheter: *Et inveneram jam bonam margaritam, &*
venditis omnibus quæ habebam emenda erat, & dubitabam.
Je gemiſſois ſous la ſervitude du vice, & je ne pou-
vois me reſoudre à rompre les liens d'un ſi dur eſ-
clavage: *Suſpirabam ligatus, &c.* Je rougiſſois des dé-
ſordres de ma vie, & je renvoyois toûjours au lendemain à m'en corriger: *Non erat omninò quid reſponderem,*

veritate convictus, nisi tantùm verba-lenta, & somnolenta, modò, ecce modò, sine paululùm. Mais ces remises n'avoient point de fin, & le peu de temps que je demandois pour achever de me déterminer alloit à l'infini : *Et sine paululùm, in longum ibat.* Je sentois la douleur de mes playes, & je fuyois le remede ; je demandois à Dieu la chasteté, & je craignois qu'il ne me l'accordât sur le champ : *Petieram à te castitatem, & dixeram, da mihi castitatem & continentiam ; sed noli modò : timebam enim ne me citò exaudires, & citò sanares à morbo concupiscentiæ.* Tel est l'état déplorable d'une volonté partagée entre la maladie & la santé : *Semisauciatam hac atque illac versare & jactare voluntatem, parte assurgente, cum alia parte cadente luctantem.* Telle est l'image de ces pauvres languissans spirituels representez par ceux qui gemissoient sous les portiques de la Piscine, en attendant la motion de l'eau : *Multitudo magna languentium expectantium aquæ motum.*

2°. Les seconds malades, qui dans l'ordre de l'Evangile entouroient la Piscine, étoient les aveugles, lesquels dans le sens spirituel, representent ceux, dont la volonté une fois dépravée & languissante, telle qu'on vient de la dépeindre, a bien-tôt dépravé l'esprit ; vrais aveugles, qui préferent la terre au Ciel, le temps à l'éternité, la créature au Créateur, les biens passagers de ce monde aux biens permanens de l'autre ; qui ne voyent, ni la beauté de la vertu, ni l'infamie du vice ; qui n'apperçoivent, ni la gloire du Paradis qu'ils perdent, ni les flâmes de l'enfer qui les menacent ; & qui non contens d'avoir

étouſé le feu de la charité dans leur cœur, éteignent
le flambeau de la Foi dans leur eſprit, & viennent
enfin à ne rien croire, & à ne rien ſçavoir que ce que
leurs ſens orgueilleux & charnels leur rapportent :
Multitudo cæcorum. Ne nous éloignons pas de l'e-
xemple & de l'experience de ſaint Auguſtin, lorſqu'il
étoit du nombre de ces aveugles ſpirituels, & ne nous
édifions pas moins du ſincere aveu des égaremens
de cet humble Saint que de la ſublimité des enſeig-
nemens de ce grand Docteur. Les noires vapeurs, dit-
il, qui s'exhaloient du limon de ma chair, offuſ-
quoient, & obſcurciſſoient les lumieres de mon eſ-
C. 12. prit : *Exhalabantur nebulæ de limoſa concupiſcentia carnis, & obnubilabant, & obfuſcabant cor meum* : Mon aveu-
glement étoit ſi horrible, que l'innocence me paroiſ-
C. 2. 3. ſoit mépriſable, & le crime honorable : *Præceps ibam tantâ cæcitate.... Videbar tantò abjectior, quantò innocentior* : A force de m'abandonner à mes faux raiſonne-
mens, j'en vins juſqu'à deſeſperer qu'on pût trou-
ver la verité dans l'Egliſe, malgré ce qu'aſſure l'A-
pôtre, qu'elle eſt la colomne & la baze de la verité :
C. 5. 10. *Deſperabam in Eccleſia poſſe inveniri verum* : Et comme
un vrai phrenetique, j'oſai me mocquer du Sacre-
ment de Baptême qui deſſille nos yeux, & que je re-
jettai avec mépris lorſqu'on voulut me l'adminiſtrer
dans une grande maladie que j'eus à Rome : *Et conſi-
C. 5. 9. lia medicinæ tuæ irridebam.* Je m'engageai dans l'here-
ſie du monde la plus folle par ſes extravagances, &
la plus impie par ſes blaſphêmes : *Incidi in homines
C. 3. 6. ſuperbè delirantes.* J'allai plus loin, ne ceſſant de con-
ſulter

sulter les devins, & d'autres semblables imposteurs qui font profession de percer dans l'avenir, tout aveugles qu'ils soient sur le present : *Illos consulere non desistebam.* Aprés cela faut-il s'étonner si plongé dans une telle nuit, m'étant mis à lire l'Ecriture sainte, je la jugeai indigne d'être comparée à l'éloquence de Ciceron ? *Scriptura sacra visa est mihi indigna, quam Tullianæ dignitati compararem.* Ah Seigneur! Seigneur, que vos jugemens sont équitables sur ceux qui ferment les yeux à vos divines veritez, répandant, comme vous faites infatigablement des nuages d'obscuritez sur leurs criminelles cupiditez! *Quàm tu secretus es habitans in excelsis, in silentio, Deus solus magnus, lege infatigabili spargens pœnales cæcitates super illicitas cupiditates.* Tels sont les aveugles spirituels representez par ces aveugles corporels de la Piscine Probatique, *multitudo cæcorum.* C. 4. 3.

3°. Les troisiémes malades étoient les boiteux, *multitudo claudorum*; Qui dans le sens spirituel representent les pecheurs, en qui la dépravation est devenuë une autre nature, suivant cette parole celebre, *vitium pro natura inolevit.* Ensorte, que comme il est naturel à l'homme de boire, de manger, de dormir, de marcher, & de faire les autres fonctions naturelles, il semble en quelque façon que par la force d'une longue habitude, il devienne comme naturel aux pecheurs, de suivre leurs inclinations tortueuses, de jurer, de blasphemer, de mentir, de médire, & de commettre toutes sortes d'autres crimes qui leur sont devenus familiers, jusqu'à n'en avoir

souvent pas de remords, ni de scrupule, & d'être dans les actions même de pieté, de vrais boiteux spirituels, dont la misere est de n'aller jamais droit dans les voyes de Dieu, de ne se soûtenir point dans les bons desseins, de passer leur vie à tomber, & à se relever, de broncher au moindre obstacle à la vertu, & à la plus legere tentation au peché, leur volonté se portant d'une part au bien, puis de l'autre au mal, dit saint Augustin : *Voluntate ex una parte assurgente, cum alia parte cadente*; de n'operer rien qui ne soit defectueux, de faire mal le bien qu'ils font, de ne donner l'aumône qu'à regret, ou par respect humain; d'aller à des exercices exterieurs de devotion, & de les mépriser interieurement, de dire du bien du prochain, & aussi-tôt du mal; de loüer les gens de bien, & de les blâmer tout à la fois; de croire quelques articles de Foi, & de douter des autres; d'accomplir certains preceptes, & d'en transgresser d'autres: *Claudi sunt qui præcepta Dei non implent*, ajoûte encore ce saint Docteur; d'approuver la Religion en certains points, & de la blâmer en d'autres; en un mot, de mener une vie toute défigurée, dereglée, inconstante, inégale, aujourd'hui à Dieu, demain au monde, & de ressembler aux Juifs, à qui le Prophete reprochoit de boiter des deux côtez, d'adorer le vrai Dieu & Baal tout ensemble: *Usquequò claudicatis in duas partes*; c'est-à-dire, de partager leur cœur, de servir à deux Maîtres, & de ressembler encore aux mêmes Juifs que le Psalmiste condamnoit par avance devoir un jour boiter dans leurs voyes: *Filii alieni inveterati sunt*,

44. Sup. Evang. L. 1. c. 19.

& claudicaverunt à semitis suis, parce que marchant droit d'un pied, recevant à la lettre l'ancien Testament, ils boitent de l'autre pied, en rejettant selon l'esprit la nouvelle alliance, ainsi que l'interprete S. Augustin: *Filii alieni, quibus ut renovarentur novum Testamentum attuli, in vetere homine remanserunt & claudicaverunt à semitis suis, & tanquam uno pede debiles, quia vetus tenentes, novum Testamentum respuerunt, claudi effecti sunt.* Enfin de renouveller la playe que le Demon a faite au genre humain en la personne d'Adam, qui marcha droit, puis qui tomba, selon cette parole du même Pere: *Per vulnus generi humano inflictum claudicat genus humanum*, & d'être de ceux qui doivent dire dans l'amertume de leur cœur, à l'imitation du saint Homme Tobie priant pour son Peuple, *non ambulavimus sinceriter coram te.* Tels sont les boiteux spirituels representez par les boiteux corporels de la Piscine, *multitudo claudorum.*

Psalm. 17. v. 49.

L. 4. cont. Jul. c. 7.

Tob. 3. 5.

4°. Les quatriémes malades, étoient les éthiques, maigres, attenuez, secs, *multitudo aridorum.* Tristes images des pecheurs endurcis, dont le cœur aride & desseché n'éprouve aucune onction sensible au service de Dieu, ni dans les exercices de pieté, qui semblables à des sarmens retranchez du sep, & à des membres perclus, ne tirent quasi plus la séve de la racine, ne reçoivent plus l'influence du chef: *Christus Jesus tanquam caput in membra influens (reges sanctificans) & tanquam vitis in palmites in ipsos justificatos jugiter spiritum influit.* Qui ne tiennent plus du moins interieurement au Corps mystique de Jesus-Christ, par leur peché, & qui veulent n'y plus tenir par leur impenitence, & par cette obstination ne reçoivent plus la rosée du Ciel, & n'attirent plus la graisse de la terre; qui se sont retirez du Seigneur, & de qui le Seigneur s'est retiré; en un mot, qui pour avoir délaissé le Seigneur, se voyent à leur tour délaissez du Seigneur. Il est vrai que Dieu ne nous abandonne point, si nous ne l'abandonnons les premiers, *non deserit, nisi deseratur.* Mais il est donc vrai que quelquefois nous en venons à ce point, qu'à force de l'abandonner, il nous abandonne, & que comme une branche coupée & separée du tronc, nous sechons: *Si quis in me non manserit*, dit le Sauveur, *mittetur foras sicut palmes, & arescet.* Autrefois vous goûtiez l'Oraison, vous y répandiez de douces larmes de componction, vous aviez de tendres mouvemens de devotion, vous étiez touché d'amour de Dieu, de charité envers les pauvres, vous trouviez de la consolation dans la lecture des Livres saints, vous vous plaisiez dans l'exercice des bonnes œuvres: presentement ce n'est plus que dureté de cœur, dissipation d'esprit, ennui, tristesse, incredulité; vous êtes devenu insensible à tout, dégoûté de tout, glacé pour tout: Vous avez mal profité de cet avis du Prophete: Cherchez le Seigneur tandis que vous pouvez le trouver, invoquez le Seigneur tandis qu'il est proche de vous: *Quærite Dominum dum inveniri potest, invocate eum dum propè est*; autrement un temps viendra, que par une juste retribution, vous le chercherez, & ne le trouverez pas, parce que sans doute vous le

In c. 5. 145. n. 9.

cherchez mal, vous l'invoquerez, & il ne vous écoûtera pas, parce que sans doute vous l'invoquerez mal, pressé par la pure crainte servile des maux temporels, par la seule terreur des châtimens éternels. Ne fut-ce pas ainsi qu'Antiochus reduit à l'extrêmité reclamoit vainement le Seigneur, duquel il ne devoit pas être exaucé, dit l'Ecriture : *Orabat hic scelestus Dominum, à quo non esset misericordiam consecuturus.* Saint Chrysostome sur ces paroles menaçantes de Jesus-Christ aux Juifs: Un jour viendra que vous me chercherez, & que vous ne me trouverez pas : *Quæretis me, & non invenietis*, rapporte que ces mêmes Juifs voyant la ruine effroyable de Jerusalem sous laquelle ils alloient être eux-mêmes accablez, invoquerent pour lors Jesus-Christ, qu'ils avoient rejètté pendant sa vie, qu'ils se souvinrent de lui, dans les grandes détresses où ils étoient, & des miracles infinis qu'il avoit faits pour eux, & qu'ils l'appellerent à leurs secours ; mais, hélas ! inutilement : *Christi & miraculorum ejus meminisse, & eum desiderasse.* Ne fut-ce pas encore ainsi, que l'infortuné Saül, aprés avoir abusé d'une infinité de dons & de faveurs de Dieü, & se voyant reduit aux dernieres angoisses, disoit à Samuël : Je suis comme reduit au desespoir, mes ennemis m'environnent de toutes parts, & le Seigneur s'est retiré de moi, & il n'a pas voulu m'exaucer, quoique je me sois adressé aux Prophetes, & aux Prêtres, & que j'aye employé tous les moyens pour connoître sa volonté ? mais, hélas ! il a été par tout sourd pour moi, par tout muët pour moi;

Coarcector nimis, siquidem Philistiim pugnant adversum me, & Deus recessit à me, & exaudire me noluit, neque in manu Prophetarum, neque per somnia. Autrefois dans vôtre jeunesse Dieu vous prevenoit de ses graces, il vous faisoit connoître ses volontez, vous le consultiez, & il vous répondoit; maintenant dans vôtre âge avancé, aprés mille abus de ses graces, vous cherchez celui qui vous recherchoit, & vous ne le trouvez plus: Vous allez aujourd'hui consulter des Predicateurs celebres, & demain des Directeurs éclairez, vous vous adressez à des Prêtres, ensuite à des Religieux, & vous sortez de toutes ces consultations, incertain de ce que vous devez faire, inquiet, irresolu; vous ne trouvez le Seigneur en aucun d'eux, il n'est pour vous en aucun lieu; vous êtes une branche aride & seche, un étique spirituel, qui n'est plus joint au moins interieurement, au principe de vie qui doit vous animer, vous vivifier, vous nourrir: *Multitudo magna aridorum.*

5°. Le texte sacré nous donne lieu de faire encore une observation, qui n'est pas à negliger; c'est que tous ces malades étoient gisans par terre: *In his jacebat multitudo magna languentium,* situation qui fait voir l'abattement horrible des pecheurs renversez par le vice, leur épuisement, & leur foiblesse pour le bien, ou plûtôt leur impuissance à se relever, & à pratiquer la vertu; ce qui fait dire à saint Augustin que tout le genre humain depuis l'Orient jusqu'à l'Occident, infirme & languissant étoit couché par terre, lorsque le Celeste Medecin descendit du Ciel pour le guerir:

Jacet toto orbe terrarum ab Oriente uſque ad Occidentem grandis ægrotus, ad ſanandum grandem ægrotum deſcendit omnipotens Medicus. En effet, lorſque Samuël repreſenta à Saül les crimes de ſa vie, ce Prince infortuné tomba tout de ſon long à la renverſe, exprimant par la poſture de ſon corps abbatu par la crainte, l'état déplorable de ſon ame renverſée par le peché: *Cecidit exporrectus in terram.* Le Prophete Natan reprochant à David le crime qu'il avoit commis, auſſitôt ce Roy, ſi grand d'ailleurs, fut renverſé par terre, *Jacuit ſuper terram.* L'Empereur Theodoſe vainqueur de tant de nations, repris de ſon peché par ſaint Ambroiſe, ſe proſterna ſur le pavé de l'Egliſe, ne diſant autre choſe que ces paroles du Pſalmiſte: Mon ame s'eſt collée contre la terre, rendez-moi la vie, Seigneur, ſelon vôtre parole: *In ſolum nudum dejectus atque proſtratus, Davidicam illam emiſit vocem: Adhæſit pavimento anima mea, &c.* Au contraire, quand les pécheurs ſe convertiſſent, il eſt dit qu'ils ſe relevent. C'eſt ainſi que l'enfant prodigue voulant ſe convertir, prenoit reſolution de ſe lever du bourbier, où il s'étoit comme veautré juſqu'alors, & d'aller trouver ſon Pere: *Surgam, & ibo ad Patrem meum.* Surquoi ſaint Jerôme dit qu'il eſt de l'état des pécheurs d'être abbatu, & de l'état des Juſtes d'être droit: *Peccatorum jacere, juſtorum ſtare eſt.* L'Ecriture même voulant exprimer la vertu de Job, dit que c'étoit un homme droit, *homo rectus*, & que ce ſaint homme, loin d'être renverſé quand on vint coup ſur coup lui annoncer tous les deſaſtres qui ſembloient devoir l'accabler, il se leva, & demeura droit & ferme, *tunc surrexit Job*. Et sans aller plus loin, le paralytique d'aujourd'hui dans sa maladie nous est representé couché, *jacentem*; & dans sa guerison levé, *surge, & ambula*; le sort des autres infirmes ne fut pas si heureux, ils gisoient répandus par terre, étant la figure des pécheurs: *Jacebat multitudo magna languentium*, attendant la motion de l'eau.

6°. Cette attente des malades de la Piscine, nous découvre une autre malheureuse disposition des malades spirituels ou des pecheurs, c'est qu'ils remettent toûjours leur penitence, ils different toûjours leur conversion, ils attendent toûjours une grace miraculeuse, *expectantium aquæ motum*; demain, demain, disent-ils, *cras, cras*, accent du Corbeau, qui presage un sinistre succés pour le pécheur, qui perira pour n'avoir pas le gemissement de la Colombe: *Quia non habuit gemitum columbinum*, continuë saint Augustin. Faites, faités, sans délai ce que vous pouvez faire, mon cher enfant, vous dit le Sage; faites tout ce qui vous est possible, aujourd'hui & dés ce moment: *Quodcumque potest manus tua, instanter operare*. Pourquoi des ce moment ne mettre pas fin à vôtre turpitude? *quare non modò finis turpitudinis tuæ?* continuë le même Pere? Ne tardez donc pas, ajoûte le Sage, à vous convertir au Seigneur, & ne differez point de jour en jour une affaire aussi importante qu'est celle de vôtre salut: *Ne tardes converti ad Dominum, & ne differas de die in diem*, de peur que la colere du Seigneur ne tombe subitement sur vous, & qu'elle ne

vous

vous écraſe au jour peu attendu de ſes vengeances: *Subitò enim veniet ira illius, & in tempore vindictæ diſperdet.* Le premier moment du Sauveur entrant dans ce monde fut employé à s'offrir en ſacrifice pour vous, il n'attendit pas le ſecond inſtant, comme nous l'apprend l'Apôtre: *Ingrediens hunc mundum dixit: Holocautomata pro peccato non tibi placuerunt, ecce venio, &c.* Qui ne ſçait que les mouvemens du ſaint Eſprit ne ſouffrent point de retardement: *Neſcit tarda molimina Spiritus ſancti gratia.* La brieveté de cette vie, & l'incertitude de la mort vous y engagent également; plus vous attendrez, plus les difficultez s'accroîtront, plus les mauvaiſes habitudes s'enracineront-elles, plus les ſecours diminueront-ils; celui qui differe long-temps à donner, s'obſtine long-temps à refuſer, & diminuë le merite du preſent le plus cher. Le Sauveur ayant dit à un Diſciple de le ſuivre, *ſequere me*, celui-ci le pria de lui accorder le temps d'aller auparavant enſevelir ſon Pere: *Domine, permitte me primùm ire, & ſepelire Patrem meum*; quelle raiſon plus plauſible de differer! mais c'étoit differer, & ſon délai ne fut pas approuvé, comme il paroît par cette réponſe du Sauveur, laiſſez aux morts le ſoin d'enſevelir les morts, & pour vous allez de ce pas annoncer le Royaume de Dieu: *Jeſus autem ait illi, ſequere me, & dimitte mortuos, ſepelire mortuos ſuos, tu autem vade & annuntia Regnum Dei.* Un autre diſant à ce divin Maître, Seigneur, je veux bien vous ſuivre, mais ſouffrez que j'aille auparavant chez moi renoncer à mon bien, & prendre congé de mes parens: *Domine, permit-*

te mihi primùm renuntiare his quæ domi ſunt; mais cette remiſe ne fut pas écoûtée, & il n'eut pour toute réponſe que cette parole rebutante, quiconque ayant mis la main à la charuë regarde derriere ſoi, n'eſt pas propre pour le Royaume de Dieu: *Nemo mittens manum ſuam ad aratrum, & reſpiciens retrò, aptus eſt regno Dei.* Pourquoi donc vous ranger au nombre de ceux qui paſſent leur vie à attendre la motion de l'eau, *expectantium aquæ motum*, qui remettent toûjours l'ouvrage de leur converſion au lendemain, qui ne diſent jamais avec le Prophete, *& dixi, nunc cœpi?*

Enfin dans l'Evangile d'aujourd'hui, c'eſt le plus prompt & le plus diligent à ſe jetter dans la Piſcine remuée par l'Ange, qui recouvre la ſanté preferablement à tous les autres malades, moins vigilans & moins actifs: *Et qui prior deſcendiſſet in Piſcinam, ſanus fiebat à quacumque detinebatur infirmitate.*

Pour expoſer à preſent dans le ſens moral toutes les circonſtances de cette gueriſon miraculeuſe.

Que de paralytiques ſpirituels ne voit-on pas étendus ſous les portiques exterieurs de l'Egliſe? qui depuis longues années gemiſſent accablez du poids de leurs vieilles habitudes? n'ayant, ni le ſentiment de la charité, ni le mouvement des bonnes œuvres.

Que de tenebres dans leur eſprit ſur la Foi?
Que de langueurs dans leur volonté pour le bien?
Que d'inconſtance dans leurs bonnes reſolutions?
Que de ſechereſſes dans leurs prieres?
Que de foibleſſe dans leurs tentations?

Combien y en a-t-il d'entre eux qui ne trouvent aucun Confesseur à leur goût ; qui voyent d'un œil jaloux & chagrin la conversion des autres ; qui ne font que des démarches à moitié vers la pénitence, qui sentent, mais inutilement que leur maladie corporelle est une punition de leurs pechez, qui s'attendent à des graces miraculeuses, & negligent les secours presens ; qui se voyent délaissez des gens de bien, à cause de leur obstination dans le mal ; qui desesperent de leur salut.

Pourquoi donc s'étonner si de tant de malades un seul est gueri, *tot jacebant, & unus sanatus est*, observe saint Augustin ; qui ne peuvent quitter le honteux grabat de leurs vices charnels, *quid est ferre grabatum nostrum ? voluptatem carnis nostræ, ubi infirmi jacemus, quasi lectus noster est*, ni se resoudre à porter le fardeau qui les a porté. *Quid ergo in grabato, obsecro te ? nisi quia ille languidus portabatur ; sanatus autem grabatum portat, disce portare qui te portabat.*

Qu'il y en a peu qui sortant du portique gueris de leur paralysie spirituelle, & de tous ses symptomes qui n'en sont rien moins que les fâcheuses suites, connoissent veritablement Jesus-Christ, dans le secret du Temple, aprés l'avoir méconnu dans le tumulte du monde, qui courent y rendre graces à Dieu de leur conversion, comme fit le paralytique de sa guerison ! *in turba non eum vidit, in Templo vidit*, continuë ce Pere ; & enfin qui comme lui mettant tout respect humain sous les pieds, non contens de connoître Jesus-Christ pour leur celeste Medecin, devenus de nouveaux Evangelistes, aillent sans crainte prêcher ses vertus pour le faire connoître aux autres, & nous apprendre sur son exemple quel doit être nôtre premier soin aprés ces graces reçûës: *Tunc ille posteaquam vidit Jesum, & cognovit Jesum, autorem sanitatis suæ, non fuit piger in evangelizando quem viderat*, ainsi que fit encore une fois nôtre paralytique: *Abiït ille homo, & nuntiavit Judæis quia Jesus esset qui fecit eum sanum.* Accomplissant sans le sçavoir ce que Jesus-Christ avoit déja dit à un énergumene qu'il avoit délivré; allez, lui enjoignit-il, allez & publiez ce que le Seigneur a fait pour vous: *Vade, & annuntia quanta tibi Dominus fecerit, & misertus sit tui.*

Mais au contraire, combien y en a-t-il d'autres qui retournent encore sous les portiques de la Piscine se coucher sur leur grabat, infectez de nouveau de leurs anciennes maladies dont ils avoient été gueris; c'est-à-dire qui retombent dans leurs pechez, & qui profitent mal de ces avis du Sauveur au paralytique; voilà que vous êtes gueri, allez, & ne pechez plus, de peur qu'il ne vous arrive quelque chose de pis: *Ecce sanus factus est, jam noli peccare, ne deterius tibi aliquid contingat.* En effet la rechute est toûjours pire que le mal, tant dans les maladies corporelles que dans les maladies spirituelles. Qui pourroit dire combien l'état de celui qui retombe est déplorable, & la seconde guerison difficile pour ne rien dire de plus; l'Apôtre saint Pierre compare celui qui retombe à un pourceau, qui nettoyé de l'ordure qu'il avoit contracté en se jettant dans un bourbier, va s'y veautrer tout de nouveau, ou à un chien qui reprend ce qu'il a vomi : *Contigit eis illud veri proverbii, canis reversus ad suum vomitum, & sus lota in volutabro luti.* Et comme personne au monde ne pourroit manger ce qu'une fois il a vomi, chose qui fait horreur à la nature, & qui n'est pas même arrivé dans ces Villes assiegées, où les meres ont mangé leurs enfans, jugez des sentimens du Seigneur sur celui qui, pour ainsi dire, a vomi la pieté de son cœur. Jesus-Christ lui-même dans son Evangile nous assure que celui qui mettant la main à la charuë tourne la tête en arriere, n'est pas propre pour le Royaume de Dieu : *Nemo mittens manum ad aratrum, & respiciens retrò aptus est Regno Dei*; c'est une pierre ou un bois de rebut, qui ne peut au jugement des Ouvriers entrer dans la construction de la celeste Jerusalem; *ille retro post aratrum respicit*, dit saint Gregoire, *qui post exordium boni operis, ad mala revertitur quæ reliquit.* Le Sauveur dans un autre endroit dit que quand l'esprit immonde est sorti d'un homme pécheur, il s'en va dans des lieux inhabitez, où ne trouvant point de repos, il forme le dessein de retourner dans l'ame de celui dont il avoit été chassé, & que pour s'en saisir plus sûrement, il prend avec lui sept Demons pires que lui, qui tous ensemble faisant par leurs tentations diaboliques retomber l'homme lâche & negligent dans le peché, entrent en lui de nouveau, & y établissent leur domicile, *& ingressi habitant ibi*; expression qui marque une obstination opiniâtre de ces esprits mal faisans à y demeurer, & qui de plus par les crimes qu'ils lui font surajoûter aux anciens, le plongent dans un état infiniment plus déteſtable que n'étoit le premier, quelque horrible qu'il fût : *Et fiunt noviſſima hominis illius pejora prioribus*, ainſi qu'on peut juger & par le nombre, & par la malice de ces nouveaux hôtes, & par leur obſtination à y faire leur ſejour ; d'où on peut conjecturer combien il eſt difficile de les en chaſſer : car, comme obſerve ſaint Gregoire de Nazianze, quel eſt l'aveugle que Jeſus-Chriſt ait deux fois illuminé, quel eſt le lepreux qu'il ait deux fois purifié, quel eſt le mort qu'il ait deux fois reſſuſcité : *Quem cæcum bis illuminavit, quem leproſum bis mundavit, quem mortuum bis ſuſcitavit.* Et combien l'Egliſe a-t-elle eu raiſon de ſoupçonner la converſion d'un pécheur d'illuſion & de fauſſeté, & qu'il a gardé dans ſon cœur quelque reſte de la maladie qui le corrompoit, lorſqu'il retourne peu de temps aprés cette prétenduë converſion dans l'état malheureux d'où il paroiſſoit être ſorti, ſuivant cette maxime celebre : *Quæ relinquuntur in morbis recidivas facere ſolent.*

Combien donc l'avis que donna le Sauveur au paralytique qu'il avoit gueri, & en ſa perſonne à tous les pécheurs convertis, étoit-il important ? quand l'ayant trouvé dans le Temple, il lui dit, lui faiſant ſentir ſa maladie paſſée ſi douloureuſe & ſi longue, qui l'avoit tenu trente-huit ans ſur le grabat, qu'il prît garde de ne pécher plus, de peur qu'il ne lui arrivât encore quelque choſe de pis, ce qui ſans doute doit s'entendre non ſeulement des maladies temporelles, mais de plus de la mort éternelle : *Vade, & jam noli peccare, ne deterius tibi aliquid contingat.* Revenons à nôtre Evangile.

SECONDE CONSIDERATION.

Le texte ſacré nous apprend qu'entre tous ces malades de la Piſcine il y en avoit un en particulier qui gemiſſoit dans ſon infirmité depuis trente-huit ans: *Erat autem quidam homo ibi triginta & octo annos habens in infirmitate ſua*; vraye image d'un vieux pécheur, qui multipliant ſes iniquitez avec ſes années, porte enfin toutes les infirmitez des autres réünies en ſa perſonne: car, 1°. Il étoit languiſſant, *reſpondit ei languidus.* 2°. Il étoit aveugle ne connoiſſant pas Jeſus-Chriſt la lumiere du monde, *neſciebat quis eſſet Jeſus.* 3°. Il étoit boiteux, marchant plus mal que tous les autres: *Dum venio ego, alius ante me deſcendit.* 4°. Il étoit étique, déſſeché par une longue paralyſie, *quia longum tempus habet.* 5°. Il étoit giſant, *hunc cùm vidiſſet Jeſus jacentem.* Surquoi l'ame pieuſe, & deſireuſe d'approfondir l'Evangile, peut faire les reflexions ſuivantes.

1°. La longueur de la ſervitude qu'impoſe le peché quand on s'y eſt une fois aſſujetti: car le nombre de trente-huit ans, joint au temps de l'enfance, comprend la plus grande partie de la vie de l'homme, & ôte preſque l'eſperance de finir mieux qu'on n'a commencé, d'autant plus que ce paralytique par les trente-huit ans qu'il avoit ſouffert, n'étoit point parvenu au nombre de quarante, nombre conſacré, pour ſignifier la vraye pénitence, ſelon les Peres. Il plût lors du déluge quarante jours ſur la terre, Dieu donnant ce temps aux pécheurs de ſe reconnoître; Moïſe affligé jeuna quarante jours pour obtenir une ſeconde fois la Loi du Seigneur, les Iſraëlites errerent quarante années dans le deſert pour expier leurs crimes, les troupes de Saül furent inſultées par Goliath pendant quarante jours pour leur faire meriter la victoire; Elie deſolé des pechez de ſon Peuple, marcha quarante jours ſans manger; les Ninivites ſe macererent quarante jours durant pour ſuſpendre les flots de la Juſtice divine qui les menaçoit, nôtre Seigneur méme, qui par ſes douleurs a voulu racheter le genre humain, commença par un jeûne de quarante jours l'ouverture du Royaume des Cieux, le paralytique d'aujourd'hui pendant trente huit ans fit quelques démarches pour ſe procurer la guerison corporelle, mais c'étoit des démarches languiſſantes: *Dùm enim venio, alius ante me deſcendit*; de même le pécheur fait de temps en temps quelques efforts pour ſe jetter dans le bain ſalutaire de la pénitence, & ſe procurer la ſanté ſpirituelle; mais ce ſont des efforts languiſſans qui n'atteignent point au nombre myſterieux de quarante, c'eſt-à-dire de la parfaite pénitence: *Quadragenarius numerus ſacratus nobis in quadam perfectione commendatur*, dit ſaint Auguſtin; il ne fait pas un entier ſacrifice de lui même, & l'eau de la Piſcine dans laquelle il ſe veut plonger, n'eſt jamais teinte du ſang de la victime qu'il doit immoler; c'eſt-à-dire du ſacrifice de ſes inclinations

nations charnelles, selon cette parole de l'Apôtre : *Obsecro vos, fratres, ut exhibeatis corpora vestra hostiam viventem* ; ainsi que l'eau de la Piscine de Jerusalem paroissoit rougie du sang des animaux égorgez en sacrifice, comme l'observe saint Jerôme : *Piscina probatica mirum in modum rubens, quasi cruentis aquis.... Nam hostias in eo lavari, &c.* Le pécheur d'habitude, figuré par le paralytique de trente-huit ans, ne parvenant donc pas au nombre parfait de quarante, figurant la perfection de la pénitence, n'ensanglantant pas l'eau de la Piscine du sacrifice de soi même, ne parvient pas à une parfaite conversion ; ainsi nous lisons que les flâmes de la fournaise de Babylone ne s'élevoient qu'à quarante-neuf coudées, & non à cinquante, nombre d'indulgence, & de remission, parce que ces flâmes étoient l'image de celles de l'Enfer, où la misericorde n'a point d'accés. Cependant, quoique cette pénitence imparfaite du pécheur ne monte pas jusqu'au nombre de quarante : *Erat autem quidam homo ibi triginta & octo annos habens in infirmitate sua*, elle ne laisse pas, jointe à la longue & pesante servitude du peché sous laquelle il gemit, & à ses démarches vers la Piscine, de lui être une premiere disposition à sa guerison ou conversion, de même que l'oppression des Israëlites en Egypte le fut, pour être à ce Peuple affligé un heureux commencement de sa délivrance : *Clamor filiorum Israël venit ad me, vidique afflictionem eorum, quâ ab Ægyptiis opprimuntur.* Pourquoi donc s'étonner si l'accablement du paralytique de trente-huit ans attira sur lui les re-

Rom. 12.

De loco Heb. p. 442.

Exo. 3. 9.

gards favorables du Sauveur : *Hunc cùm vidisset Jesus jacentem, & cognovisset quia jam multum tempus haberet.*

II°. La seconde disposition est la volonté de guerir dans le malade : c'est pourquoi nôtre celeste Medecin disoit au paralytique, voulez-vous être gueri ? *vis sanus fieri* ? demande qu'il n'eût pas été besoin de faire, si le Sauveur n'eût eu en vûë que les seules maladies corporelles, dont chacun desireasse d'être délivré pour n'être pas interrogé là-dessus : mais Jesus-Christ regardoit sous la maladie du corps la maladie de l'ame, dont le pécheur ne veut pas souvent être délivré ; écoutons encore celui qui de tous a peut-être le plus éprouvé cet état. Voici comme il s'en explique : L'ennemi, ce fort armé, s'étoit rendu

C. 8. 5. maître de ma volonté ; *Velle meum tenebat inimicus*, & l'ayant une fois pervertie, elle se trouvoit comme transformée en cupidité : *Quippe ex voluntate perversa facta est libido* : D'où il arrivoit que j'étois presque plûtôt entraîné dans le mal, par cette convoitise dominante, que je n'y étois porté par ma volonté languissante : *Ex magna parte id patiebar invitus, quam faciebam volens.* Car telle est la juste peine qui suit le

L. . de lib arb. c. 18. plaisir du peché : *Illa est enim peccati pœna justissima*, c'est que le pécheur perd malheureusement le bien dont il a refusé d'user saintement : *Ut amittat unusquisque quo bene uti noluit* ; c'est-à-dire, que ne faisant pas ce qu'il connoissoit être un bien, il perd même la connoissance du bien, qu'il n'avoit connu que pour le faire : *Id est, ut qui sciens rectè non facit, amittat scire quid rectum sit*, & que n'ayant pas voulu faire le bien qu'il eût pû faire, il perd le pouvoir de faire le bien qu'il voudroit faire : *Et qui rectè facere cùm poſſit, noluit, amittat poſſe cùm velit*; c'eſt donc avec une ſouveraine raiſon que le Sauveur demande au paralytique de trente-huit ans s'il veut être gueri, *vis ſanus fieri?* & qu'il nous inſtruit par là de l'état déplorable d'un pécheur inveteré, qui ſouvent, & ne ſent pas la maladie, & ne veut pas ſa gueriſon, ou qui ne la veut que foiblement & à moitié, & non abſolument & entierement, comme il eſt neceſſaire pour être gueri : *Sed velle fortiter & integré.* Semblable aux Iſraëlites accoûtumez à la ſervitude d'Egypte, qui diſoient à Moïſe, retirez-vous, & nous laiſſez ſervir à Pharaon : *Recede à nobis, ut ſerviamus Ægyptiis.* C'eſt dans cette vûë qu'un autre infirme proſterné devant Jeſus-Chriſt lui tenoit ce langage : Seigneur, lui diſoit-il, ſi vous voulez, vous pouvez me guerir : *Domine, ſi vis, potes me mundare*, confeſſant de bonne foi par cet humble aveu, qu'il ne ſentoit en lui-même ni la force, ni même la volonté de ſe procurer la gueriſon, & qu'il avoit pour cela beſoin de la toute-puiſſante miſericorde de ce Seigneur qui change les cœurs, & qui reforme la nature : *Condens naturam, & infundens gratiam.* Car ſi d'une part il eſt vrai qu'aucune langueur n'eſt incurable au tout-puiſſant Medecin : *Omnipotenti medico nullus languor inſanabilis,* Il n'eſt pas moins vrai de l'autre, que ce divin Medecin ne guerit point de malade, ſi le malade ne veut être gueri : *Sanat omninò quemlibet languidum. ſed non ſanat invitum.* Heureux le malade qui n'a qu'à vouloir la ſanté pour être gueri de toutes ſes langueurs, quelques grandes qu'elles lui paroiſſent : *Noli timere, magni ſunt languores tui, magni ſunt, ſed major eſt medicus.* Heureux le malade de qui le Medecin n'exige autre choſe, ſinon qu'il veuille être gueri : *Quid autem te beatius, quàm ut tanquam in manu tua, ſic habeas tanquam in voluntate ſanitatem tuam ?* c'eſt donc à bon droit encore une fois, que le Sauveur demandoit à nôtre paralytique s'il vouloit être gueri, & ſi par cette interrogation il lui faiſoit ſentir ſa maladie, & l'excitoit par ſa grace à deſirer ſa gueriſon : *Vis ſanus fieri?* Surquoi neanmoins il eſt bon d'obſerver que le Sauveur fit cette demande au paralytique d'un ton & d'une maniere ſi touchante & ſi pleine de compaſſion, que le malade en étant penetré, répondit non à ſes paroles préciſement, *vis ſanus fieri?* mais au tendre ſentiment que le Sauveur lui témoignoit par ſa demande : *Languidus in interrogatione Chriſti commiſerationem attendens, non reſpondit ad verba, ſed ad mentem,* & lui fit aſſez connoître ſa volonté de guerir, en lui diſant que tout ſecours lui manquoit pour ſe procurer la ſanté, *hominem non habeo.*

III°. A cette double diſpoſition dans le paralytique ſpirituel, figuré par le paralytique corporel, de ſentir la maladie, & de vouloir en être gueri, en voici une troiſiéme, c'eſt de connoître le beſoin qu'il a d'un Medecin ſpirituel, *hominem non habeo,* ou d'un Directeur orné des qualitez neceſſaires pour cooperer à la converſion d'une ame, & la faire entrer dans les voyes de ſalut, leſquelles nous trouverons dans les paroles que profera ce malade : car il desire,

1°. D'avoir quelqu'un qui le conduise : *Hominem non habeo qui mittat me in Piscinam.* En effet, tel est l'ordre de Dieu, de diriger les hommes par les hommes : il donna Moïse aux Israëlites pour les conduire par le desert à la terre promise : Tobie en envoyant son fils dans un pais éloigné, lui ordonna de chercher un guide fidele : *Inquire tibi fidelem virum qui tecum eat* : Saint Paul fut envoyé à Ananias pour apprendre ce qu'il avoit à faire : *Vade ad Ananiam* : Saint Ambroise, tout grand Docteur qu'il fût, avoit Simplicien pour Pere Spirituel : *Perrexi ergo ad Simplicianum Patrem in accipiendâ gratiâ tuâ tunc Episcopi Ambrosii, & quem verè ut patrem diligebat.* En un mot, c'est s'exposer à des illusions manifestes, que de ne pas prendre un guide spirituel, qui nous éclaire dans nos doutes, qui nous rassure dans nos craintes, qui nous encourage dans nos peines, qui nous soûtienne dans nos tentations, qui nous affermisse dans nos bonnes resolutions ; enfin qui nous tienne lieu d'un Ange visible sur la terre, secours dont le paralytique se plaignoit d'être privé, voyant bien qu'il étoit traité comme un malheureux que l'on délaissoit, sans faire de cas de sa misere : *Hominem non habeo qui mittat me in Piscinam.*

2°. Il demande un conducteur qui soit plein de douceur, de benignité, de compassion, pour ceux qu'il dirige, un Directeur qui soit un homme : *Hominem*, semblable au Sauveur de nos ames : *Apparuit benignitas, & humanitas Salvatoris nostri, erudiens nos* ; qui nous a enseigné par sa suavité, *per humanita-*

tem filii; ce que toute la Loi n'avoit pû nous apprendre par sa rigueur, un Directeur qui compatisse à nos infirmitez : vrai caractere de l'esprit de nôtre souverain Pontife : *Non enim habemus Pontificem qui non possit compati infirmitatibus nostris* ; qui partage la joye avec ceux qui sont dans la joye, qui ne refuse pas des larmes à ceux qui sont dans l'affliction : *Gaudere cum gaudentibus, flere cum flentibus* : La condoléance, selon saint Augustin, étant préferable à l'insensibilité : *Melius dolet cor humanum, quàm non dolendo sit inhumanum*. Conduite qui nous est admirablement bien representée par celle d'Elisée, qui voulant ressusciter le fils de la Sunamite, dit à son Serviteur, prenez mon bâton, & allez le mettre sur le corps de cet enfant mort : Le Serviteur obéït, mais l'enfant ne ressuscita point ; alors le Prophete y alla lui-même, il se coucha, & se rappetissa sur cet enfant ; il mit sa bouche sur sa bouche, ses yeux sur ses yeux, ses mains sur ses mains, & la chair de cet enfant en fut échauffée, & il reprit vie : car qu'est-ce que cela nous apprend, selon saint Augustin ? sinon que les menaces & le bâton de la Loi avec l'esprit de servitude n'ayant pû ressusciter le genre humain mort par le peché, le Seigneur étoit venu lui-même se courber, s'abreger, s'appetisser sur l'homme, & en se faisant homme, & par son soufle amoureux, par la douceur de sa charité, lui avoit inspiré de nouveau la vie que toute la severité de la Loi n'avoit pû lui donner : *Mittit Elisæus per servum baculum super mortuum, & non reviviscit. Venit ipse, conjungit, & coaptat se morti ejus, & revivis-*

S. Aug. cont. Faust l. 12. c. 35.

cit. Misit sermo Dei legem per servum, nec profuit in peccatis mortuo generi humano : Venit ipse, conformavit se nobis factus particeps mortis nostræ & vivificati sumus : fecit gratia quod non fecerat littera. Cependant il faut qu'un Directeur soit tellement homme, qu'en un autre sens il n'aye rien de l'homme ; un Directeur qui ne s'attache à personne, & qui ne s'attache personne : *Nemo pro Domino se supponat*, dit saint Augustin, c'est un tel conducteur que nôtre paralytique desiroit : *Hominem non habeo.* *In Ps. 70. Conf. 1.*

3°. Il faut qu'un Directeur soit prudent, & qu'il modere son zéle, pour ne pas engager les malades à descendre dans la Piscine, avant la motion de l'Ange, c'est à dire pour ne pas porter les ames, qu'il a sous sa conduite à des pratiques de devotion trop élevées pour elles, sous pretexte d'une haute perfection, quand elles n'en sont pas encore capables : C'est ainsi qu'Esaü pressant Jacob de faire avancer ses troupeaux, ce Patriarche prudent lui representa, que s'il les hâtoit de marcher au-delà de leurs forces, il leur causeroit la mort : *Quas si plus in ambulando fecero laborare, morientur : præcedat ergo Dominus meus, & ego sequar paulatim* : Mais d'ailleurs il ne faut pas non plus qu'un Directeur soit trop lent à seconder les mouvemens du Saint-Esprit dans une ame : *Nescit enim tarda molimina Spiritûs Sancti gratia*, parce que si ceux qui dévançoient la motion de la Piscine y descendoient inutilement, ceux qui s'y rendoient trop tard, comme nôtre paralytique, perdoient également leurs pas, & ne recouvroient pas la santé : *Domine, hominem non habeo, ut cùm turbata fuerit aqua mittat me, in*

Piscinam : dum venio enim ego , alius ante me descendit.

4°. Il faut qu'un Directeur soit desinteressé : car entre ceux qui arrivoient à la Piscine, il y en avoit sans doute qui donnoient de l'argent à des gens attentifs pour se faire porter les premiers dans l'eau, tels que les aveugles, & autres impotens, qui par ce secours acheté devançoient les autres ; au lieu que le paralytique étant un mandiant qui n'avoit rien à donner, se trouvoit délaissé ; la direction des pauvres étant quelquefois autant negligée au scandale des gens de bien, & au deshonneur du ministere, que celle des riches est recherchée. Que le Directeur donc, s'il est charitable, prenne également soin, & du malade couché dans un lit molet, & du malade gisant sur un dur grabat : *Jacens in grabato* ; & qu'il travaille avec le même desinteressement à la guerison de l'un & de l'autre, ne voulant que leur salut pour tout prix de ses peines, de sa vigilance, & de ses prieres ; de peur que rendant la santé aux autres, il ne contracte leurs maladies, à l'exemple de Giezi, qui voulant tirer un profit temporel de Naaman, gueri par Elisée de la lepre corporelle, fut infecté lui-même de ce mal, ainsi que toute sa race ; c'est-à-dire, tous ceux qui dans la suite l'imiteroient dans son avarice sacrilege, vraye lepre spirituelle : *Giezi ideo serviebat beato Elisæo ut pecuniam posset acquirere*, dit saint Augustin *sed citò turpem sequitur lepra mercedem* , ajoûte saint Ambroise ; & qu'on ne dise point que la punition, sur tout de sa race, étoit trop dure, parce que cela se doit entendre de sa race spirituelle, ou de tous ses

ses imitateurs à venir, continuë le même Pere : *Nisi ut visionem magis quàm generis semen intelligas, ergo omnes cupidi, omnes avari Giezi lepram cum divitiis possident.*

5°. Qu'il soit sçavant, & éclairé, afin de discerner les mouvemens de la nature d'avec ceux de la grace : L'agitation naturelle des eaux de la Piscine, causée quelquefois par les vents, d'avec la motion de l'eau causée à certains temps par l'Ange : *Angelus autem Domini descendebat secundùm tempus in Piscinam, & movebatur aqua* : Cependant on peut dire que rien n'est plus rare qu'un Directeur éclairé, & qu'il est bien plus commun de trouver des ames touchées de Dieu, que des gens capables de les conduire dans la Piscine de la pénitence. Le paralytique ayant dit avec raison, non pas qu'il n'eut un Ange, mais qu'il n'avoit pas un homme, *hominem non habeo.*

6°. Qu'il soit patient, attendant en paix la descente de l'Ange ; le moment de la grace ; le temps de la vocation ; l'attrait à la perfection : *Angelus autem Domini descendebat secundùm tempus in Piscinam.*

7°. Qu'il soit juste, imposant une peine proportionnée au crime commis, une satisfaction convenable à l'injustice du pécheur, afin qu'elle lui fasse voir, & à tous les spectateurs de son changement, la vanité, la turpitude, la misere, la honte, la corruption, le fumier, & l'ordure de sa vie passée, & que le fardeau de la pénitence égale celui du peché : de quoi le vil grabat imposé sur les épaules du paralytique étoit le vrai symbole : *Dixit ei Jesus : Surge, tolle grabatum tuum*, ainsi que de son obligation à marcher dans les voyes assurées d'une sincere pénitence: *Et ambula, & statim sanus factus est homo ille, & sustulit grabatum suum, & ambulabat.* Telles furent les trois premieres dispositions à la guerison dans nôtre malade.

IV. En voici une quatriéme; c'est sa patience merveilleuse, parmi tant de maux, dit saint Chrysostome, de quoi l'Ecriture, vrai trésor spirituel, où nous trouvons des remedes à nos chagrins, à nos douleurs, à nos foiblesses, nous propose un grand exemple en la personne de cet affligé, dont l'état douloureux exige qu'on en pese les circonstances, pour en faire mieux comprendre l'étenduë, & en édifier encore davantage nôtre pieté: *Omnium enim medicinarum thesaurus divinæ scripturæ sunt, sive affectus sedare, sive dolores contemnere, sive fortem animum induere, sive adversa æquo animo tolerare velimus*: car, 1°. Cette maladie étoit de sa nature trés-difficile à supporter, puisque, selon les Peres, même les plus anciens, c'étoit une paralysie universelle qui le tourmentoit depuis les pieds jusqu'à la tête, ainsi que le Serviteur du Centenier, dont il est écrit: *Puer meus jacet in domo paralyticus, & malè torquetur*; infirmité qui prive de chaleur, de sentiment, & de mouvement, qui ôte la faculté de marcher, de se remuer, de se servir, de changer de vêtement, de place, de situation. Celui-ci étendu sur un miserable grabat & tout immobile, ne pouvoit se jetter à temps dans la Piscine, quand l'Ange du Seigneur remuoit l'eau; *Dum venio ego, alius ante me descendit.*

2°. La longueur de cette maladie si fâcheuse, & naturellement incurable, devoit l'accabler ; il la supportoit depuis trente-huit ans, & cela sans aucun relâche ni adoucissement : *Triginta & octo annos habens in infirmitate suâ* : Quelle patience ne lui falloit-il donc pas ? 3°. La pauvreté lui étoit un nouveau surcroît d'affliction ; il n'avoit ni secours, ni remede, ni consolation, ni consolateur : *Hominem non habeo* ; abandonné d'un chacun, nul ne s'offroit à lui pour le plonger dans la Piscine ; or la mendicité jointe à la maladie, & au délaissement des créatures, est sans doute une épreuve bien terrible à un malheureux ; celui-ci la souffroit, & ne disoit mot. 4°. Combien la vûë des guerisons qui s'operoient frequemment en faveur des autres, à ses yeux & devant lui, devoit-elle accroître sa jalousie & son ennuy : *Et qui prior descendisset in Piscinam post motionem aquæ, sanus fiebat à quacumque detinebatur infirmitate.* 5°. Son découragement aprés tant d'années inutilement écoulées dans l'attente de sa guerison si souhaitée, mais qui ne venoit point, lui ôtoit toute esperance de recouvrer ses forces, particulierement attendu son âge, & son mal comme incurable : *Sive extremâ paupertate, sive diuturno morbo vexatus, non tamen animo lapsus desperat*, continuë toûjours le même Pere ; cependant, malgré tant de sujets de mauvaises humeurs, il ne se laisse point aller aux murmures, aux emportemens, aux imprecations, ni aux paroles piquantes, pas même contre celui dont il pouvoit regarder la demande, comme une espece de dérision, quand il l'interrogea s'il vouloit être gueri : *Non maledixit, non execratus est, non se irrideri arbitratus est, rogatus an velles sanus fieri* : On eût dit qu'il se soûtenoit par cette excellente maxime, que la moindre grace qu'un Fidéle puisse recevoir du Seigneur dans sa maladie, est la guerison. Sa confiance qu'on eût peut-être pensé devoir alors être épuisée, parut encore avec plus d'éclat, lors que le Sauveur lui ayant enjoint de prendre son grabat & de marcher : *Tolle grabatum tuum, & ambula*, il ne regarda pas cet ordre, comme une raillerie qu'on faisoit de lui, il ne s'en mocqua point ; il ne dit point au Sauveur inconnu pour lors à lui, est-ce que vous qui n'êtes qu'un homme avez la présomption de prétendre faire sur le champ, & d'une seule parole, ce qu'un Ange quelque puissant, & fort qu'il soit, n'opere que rarement, & en remuant une masse d'eau : *Non risit, non admiratus est, non dixit, Angelus descendit, & turbatâ aquâ unum dumtaxat in bonam restituit valetudinem ; tu homo Angelum solo verbo superasse confidis, nimium tibi arrogas* ; au contraire, il sentit dans cette demande, *vis sanus fieri ?* proferée pour exciter en lui le desir d'être gueri, le lui renouveller, & le lui inspirer, que celui qui la lui faisoit étoit touché de sa misere ; d'où vient qu'encore qu'il ne le connût pas, il lui donna le nom honorable de *Seigneur*, *Domine*, lui dit-il, *hominem non habeo* ; Seigneur, je n'ay personne, ni qui prenne pitié de moi, ni qui veuille m'aider à descendre dans la Piscine quand il le faut ; je suis délaissé de tout le monde, *hominem non habeo* : Il vouloit l'attendrir par ce terme respectueux, & l'engager à le ſecourir, lorſque l'Ange deſcendroit dans la Piſcine; ce qu'on ignoroit, parce que ſi l'on eût ſçû quand il eût dû venir regulierement, ou à certaines Fêtes ou ſolemnitez déterminées, ou autres jours marquez, il eût été inutile aux malades de demeurer toûjours dans une attente continuelle ſur les bords de la Piſcine. Il eſt vrai que ce pauvre affligé faiſoit de ſon côté quelques démarches lors de la motion de l'eau, mais elles étoient toûjours inſuffiſantes pour y parvenir à temps, vû ſa lenteur cauſée par la paralyſie: *Dum venio enim ego, alius ante me deſcendit.* C'eſt pourquoi il cherchoit quelque reſſource à ſes maux dans la charité que cet inconnu lui témoignoit, ainſi que remarque ſaint Cyrille, dont voici les paroles: *Paralyticus cùm non haberet à quo in aquam dejiceretur, tam morbum quàm inopiam ſuam deflebat dicens: Hominem non habeo, qui me nimirum in aquam demittat; expectabat enim ſibi ab Jeſu datum iri conſilium.* Surquoi neanmoins il eſt bon d'obſerver ici avec le même Saint: qu'un commandement ſi abſolu que lui fit le Sauveur, prenez vôtre grabat & marchez: *Tolle grabatum tuum, & ambula,* porte un caractere de puiſſance & d'autorité, qui ne convient point à la créature, & qui tout viſiblement n'appartient qu'au Créateur: *Deo conveniens eſt illud juſſum, & virtutis ac poteſtatis humanam mediocritatem excedentis manifeſtiſſimum habet argumentum*; d'autant plus que Jeſus-Chriſt pour operer un tel miracle, n'eut point recours à la priere, ne leva pas les mains au Ciel, comme s'il eût eu beſoin d'implorer une puiſſance qu'il n'eût pas eu

S. Cyril. in Joan. lib. 2. cap. 5.

en lui même, ainsi que font les Saints & les Prophetes : *Non enim precatur sanitatem ægro, ne sanctis aliquibus Prophetis ipse quoque similis videatur*; mais il commande en maître, & en souverain, à la volonté duquel toutes choses sont soumises : *Sed tanquam virtutum Dominus, pro nutu ac potestate fieri præcipit, jubens ut lætus domum redeat.* Nôtre paralytique avoit donc raison de dire sans le sçavoir qu'il n'avoit point d'homme, *hominem non habeo*, qui lui procurât la santé, puisqu'il lui falloit un Dieu pour la lui rendre. Aussi sa confiance fut si grande, que tout d'un coup, sans raisonner & sans hesiter un moment, il se leva sain & fort, il prit son grabat, il le mit sur ses épaules, & s'en alla devant tout le monde, afin que la vertu de celui qui l'avoit gueri eût autant de témoins, de spectateurs, & d'admirateurs, qu'il y avoit en ce lieu de personnes assemblées, dont le nombre étoit sans doute fort grand, comme les paroles de nôtre texte l'insinuent assez : *Jesus autem declinavit à turba constituta in loco*, voulant par là publiquement donner des marques éclatantes de sa reconnoissance & de sa joye pour une faveur si signalée, & par son obéïssance & sa foi, meriter de plus en plus sa reconciliation avec Dieu : *Jussa autem facit æger illico, ut per obedientiam ac fidem optatissimam sibi gratiam conciliet.*

V. Tant d'heureuses dispositions dans nôtre paralytique, furent enfin suivies de sa parfaite guerison, sans que le Sauveur exigeât préalablement de lui des Actes de confiance, & de Foi qu'il le pouvoit guerir, ainsi qu'il l'avoit fait à tant d'autres malades : *Si potes credere, omnia ſunt poſſibilia credenti*, leur diſoit-il quelquefois, ou autres termes ſemblables. La raiſon que ſaint Chryſoſtome en donne, eſt que le paralytique ne lui avoit vû faire aucun miracle, & que même il ignoroit quel étoit celui qui lui parloit : *Nam ab his qui ſuam viderant poteſtatem meritò requirit ut credant : ab ignaris autem minimè* : De cette ſorte le Sauveur mit tout du ſien dans cette occaſion, & ſe ſervit de ſon pouvoir abſolu pour operer ce miracle, diſant au malade, levez-vous, prenez vôtre grabat, & marchez : *Surge, tolle grabatum tuum, & ambula* ; & auſſi-tôt cet homme fut gueri : *Et ſtatim ſanus factus eſt homo ille* ; il prit ſon grabat & marcha : *Et ſuſtulit grabatum ſuum, & ambulabat* ; miracle d'autant plus grand, qu'avec la parfaite gueriſon corporelle & la reſtitution ſoudaine des forces naturelles : *Niſi enim firmis & robuſtis membris, niſi certiſſimè compacta eſſent membra, lectulum ferre non poſſet* ; le malade reçût la gueriſon ſpirituelle de l'ame, avec la remiſſion de ſes pechez, ſecond bien-fait infiniment plus précieux que le premier ; & cela particulierement quand le Sauveur lui dit ; voilà que vous êtes gueri, allez & ne pechez plus ; parole miſericordieuſe & puiſſante, qui confera à ce paralytique, & les ſentimens d'une parfaite componction pour le paſſé, & la reſolution ferme pour ne plus pecher à l'avenir ; & qui répandit en ſon ame la grace d'une parfaite juſtification : *Ipſe Jeſus illum ſicut exteriùs, ita intus ſanavit* ; ainſi cette parole, levez-vous, *ſurge*, ajoûte ſaint Auguſtin, ne fut pas tant une parole imperieuſe que ce divin Maître profera, qu'une santé misericordieuse que ce celeste Medecin confera : *Non operis imperium fuit, sed operatio sanitatis* : Car le Seigneur bien different, & bien au-dessus des autres Seigneurs, faisant un commandement, donne la force de faire ce qu'il commande : Le Sage nous apprenant, que ce Maître juste & charitable, porte sur sa langue, la Loi & la misericorde ; la Loi, parce qu'il a l'autorité de commander ; la misericorde, parce qu'il a la bonté de donner la force de faire ce qu'il commande : *Legem & misericordiam in lingua portat ; legem, quia jubet ; misericordiam, quia juvat ut fiat quod jubet* ; & sans doute que la longueur & la grieveté de cette maladie, avoient peu à peu preparé nôtre paralytique à cette double grace, & éteint en lui les mouvemens d'impatience que cause ordinairement cet état affligeant : car comme il ne s'étoit point chagriné contre le Sauveur, quand il lui avoit demandé, s'il vouloit être gueri ; *vis sanus fieri* ; qu'il ne lui avoit point reproché qu'il venoit insulter à ses maux, & se mocquer des calamitez d'un malheureux : *Venisti ut meas irrideres calamitates, atque malis alienis illuderes* ; qu'il avoit pendant trente huit ans combattu sans s'abbattre contre la maladie, la pauvreté, & l'abandon de tout secours humain : *Vide quantùm hominem oppugnabant, morbus, & paupertas, & solitudo* ; ou, comme il s'explique ailleurs : *Cum morbo, cum paupertate, cum solitudine pugnans* ; qu'il ne cessa jamais d'aspirer à sa guerison : *Dum venio ego, alter ante me descendit* ; qu'il ne desespera pas d'obtenir enfin quelque jour la santé si desirée ; bien different de nous qu'une

Oper. imperf. L. 6. num. 18. p. 1324.

qu'une ſouffrance un peu notable non, de 38. ans, mais de dix jours ſeulement, jetteroit dans la colere, & le murmure, dont une priere réïterée pendant dix jours, & peut être moins, non exaucée, ralentiroit la ferveur de demander, & feroit perdre en nous la confiance d'obtenir : *Admirabilis profectò paralytici tolerantia, octo & triginta annos, ut ſanaretur nunquàm diſcedens expectavit, neque propterea deſperavit : nos autem ſi vel decem dies, orationibus invigilantes non exaudimur tepeſcimus imò frequenter omnem ſpem amittimus*; qu'il ne ſe laiſſa point emporter au dépit, voyant les autres malades ſortir de la Piſcine ſains, & gueris, & lui demeurer en arriere malgré ſes efforts : *Major illa moleſtia accedebat, quòd alios liberos abire videbat*; qu'il les voyoit ſervis, & ſecourus de pluſieurs perſonnes officieuſes : *Sanari conſpiciebat alios, propterea quòd multos haberent obſequio faventes*; tandis que lui, à cauſe de ſa pauvreté, ſe voyoit abandonné d'un chacun ; comme, dis-je, tous ces dégoûts ne le rebuterent point, & que la demande du Sauveur, s'il vouloit être gueri, *vis ſanus fieri?* ne le tranſporta point de colere, & qu'il lui répondit avec douceur : Seigneur, je n'ai perſonne qui prenne pitié de moi qui ſoit hôme pour moi: *Domine, hominem non habeo*, de même n'heſita-t-il pas un moment, d'obéïr au Sauveur, quand il lui dit, prenez vôtre grabat, & marchez: *tolle grabatum tuum, & ambula*; il ne lui repliqua point, vous me commandez l'impoſſible ; quoi me lever ſur le champ, prendre ſur mes épaules ce lit, & marcher, moi qui depuis trente-huit ans épuiſé de forces, attenué par la paralyſie, giſant par terre? N'eſt-ce pas ſe rire de mes maux? Il ne dit rien de tout cela; il n'oppoſa, ni maladie, ni langueur, ni foibleſſe; il ſe leva, il prit ſon grabat ſur ſes épaules, fardeau incomparablement plus merveilleux que ne le fut celui de Giezy, revenant chargé des preſens magnifiques de Naaman; & il marcha devant un monde infini là aſſemblé, dont pluſieurs viſitoient les pauvres malades par un mouvement de charité, venant ſous ces portiques, ou plûtôt, dans cet Hôpital general, & ce rendez-vous des affligez, triſte theatre des calamitez humaines, comme s'exprime ſaint Chryſoſtome: *Communis portus humanarum calamitatum*; cette école publique de la patience, *gymnaſium patientiæ*; d'autres y accourant par curioſité pour y voir des gueriſons miraculeuſes à la deſcente de l'Ange, & à la motion de l'eau; ce fut devant tout ce Peuple que nôtre paralytique gueri, non par le miniſtere d'un Ange, mais par la vertu du Roy des Anges: *Non enim Angelus, ſed ipſemet Angelorum Dominus ſanavit*; & qu'il parut publiant la puiſſance de celui qu'il ne connoiſſoit pas., & le juſtifiant par avance ſans le prévoir contre les reproches qu'alloient lui faire les Juifs envieux; il ne vous eſt pas permis, lui dirent-ils, de lever vôtre grabat: car il eſt le Sabath; Je ne le fais pas de moi-même, leur répondit-il, mais je le fais par ordre de celui qui m'a gueri; je n'ai pû reſiſter à une voix à laquelle un mal auſſi invetere que le mien n'a pû reſiſter, & loin de croire bleſſer la Religion, emportant ſur moi aujourd'hui ce grabat, je me ſuis fait une Religion d'obéïr à celui qui m'a donné la force de n'être plus porté par ce grabat. J'ay crû bien plus hautement publier la gloire du Créateur en publiant la reparation miraculeuse qu'il vient de faire de mon être, qu'en observant scrupuleusement une ceremonie instituée pour le remercier de m'avoir donné l'être, & pour signifier obscurement ce qui vient de s'operer en moi visiblement; enfin que c'étoit plûtôt consacrer le Sabat par cette éclatante démonstraion, que non pas le violer, ou l'observer, par une ingrate inaction; sentimens qu'on peut dire estre exprimez dans ces paroles: *Qui me sanum fecit, ille mihi dixit: Tolle grabatum tuum, & ambula.* En quoi paroît ici le mauvais esprit des Juifs, qui, selon le reproche du Sauveur, se faisoient un scrupule d'avaler un moucheron, & ne s'en faisoient point d'engloutir un chameau; étoient de rigides observateurs des plus petites minuties, & ne l'étoient pas des plus grandes choses, & jugeoient de celles-ci par celles-là : car ils ne demandent point quel est cet homme de Dieu qui vient d'operer une si grande merveille, pour l'honorer; mais quel est cet homme qui lui a dit de porter son grabat, afin d'avoir lieu de le censurer, disant que celui-là n'est pas un homme de Dieu qui viole le Sabat: *Non interrogant*, dit saint Chrysostome, *ubi est qui te sanum fecit, sed ubi est qui dixit tibi tolle grabatum tuum, & ambula.* Le paralytique encore tout rempli de l'esprit de Dieu, leur avoit simplement dit, celui qui m'a gueri, *qui me sanum fecit*, sans dire qu'il n'étoit qu'un homme; les Juifs moins inspirez le qualifient seulement d'estre un homme? *quis est ille homo*, quel est cet homme, lui demanderent-ils? Et où est-il? Il leur répondit qu'il ne sçavoit quel il étoit, ni où il étoit: car le Sauveur aprés cette guerison operée, s'étoit retiré de la foule du Peuple là assemblé: *Ille autem qui sanus fuerat effectus, nesciebat quis esset, Jesus enim declinavit à turba constituta in loco.* La providence l'ordonnant ainsi, pour ôter tout pretexte aux Juifs de soupçonner quelque intelligence entre le Medecin, & le malade. Aprés cela le Sauveur ayant rencontré le paralytique dans le Temple, il lui dit: Voilà que vous êtes gueri, allez & ne pechez plus, de peur qu'il ne vous arrive quelque chose de pire: *Postea invenit eum Jesus in Templo, & dixit illi: ecce sanus factus es, jam noli peccare, ne deterius tibi aliquid contingat.* Paroles sur lesquelles les Saints ont fait quelques reflexions non moins instructives qu'importantes. 1o. Que ce paralytique aprés sa guerison ne demeura point dans une molle oisiveté spirituelle, qu'il n'alla point se répandre vainement dans des lieux de joye, & de divertissemens, pour y goûter le plaisir prophane d'avoir recouvré sa santé, & se dédommager des douleurs & des ennuis qu'une si longue maladie lui avoit causé: *Non in foro consedit, non voluptati, non otio indulsit*; mais qu'il se retira dans le Temple, pour vacquer à la priere, & remercier Dieu de sa guerison, marquant par là sa Religion, sa reconnoissance, & sa pieté: *Quod magnæ profectò, & reverentiæ, & pietatis signum est*: car autrement, ou le Seigneur ne l'auroit pas trouvé dans sa justice, ou il lui auroit dit dans sa misericorde; quoi, vous allez encore vous plonger dans le deſordre aprés un ſi grand châtiment, & une ſi grande grace, ni l'un ni l'autre n'ayant pû, ni vous corriger de vos vices, ni vous rendre meilleur: *Adhuc cum iiſdem verſaris. neque in bonam reſtitutus valetudinem factus es melior, &c.* 2°. Que cette maladie avoit été le malheureux germe des pechez du paralytique: En effet, le Sauveur n'avoit pas donné de ſemblables avis aux autres malades qu'il avoit gueri, montrant bien par là que leur maladie ne provenoit que d'une infirmité naturelle: *Quid igitur cùm claudos, & cæcos curavit, id non admonuit; ita mihi perſuadeo ſuum hic morbum propter peccata, illis autem corporis infirmitate provéniſſe.* 3°. Que pour rendre nos corrections plus recevables & plus utiles; il eſt bon d'attendre, que ceux à qui nous les voulons faire, ſoient dans un état plus tranquille que quand ils ſont dans l'affliction actuelle même pour leurs pechez; de là vient que le Sauveur ne fit aucun reproche au paralytique lorſqu'il étoit giſant ſur ſon grabat accablé de maux, & qu'il attendit qu'il fût gueri, & bien diſpoſé, comme ſon ſejour dans le Temple le montroit aſſez, pour lui donner cet avis charitable: *Peccatum non improperavit, dum jaceret in grabato, cùm jaceret morbidus, afflictus eſt enim ægrotantium animus*; à quoi pour l'exciter davantage, ſon charitable Medecin lui fit connoître que la cauſe des malheurs où il étoit tombé, n'étoit autre que le peché qu'il avoit commis, & que ce même Sauveur qui l'avoit gueri avoit par ſa lumiere divine penetré ſon interieur depravé: *Quibus verbis ſignificat, & ſe conſcium eſſe vi-*

ta ipsius prateritae, & propter ipsius peccata in morbum incidisse; afin que comme un vrai pénitent, il eût à s'humilier & à se contenir, tant par le souvenir du passé, que par la crainte de l'avenir : *Omnia ipsum vidisse indicat, quae ille in superiori tempore commisit*; ce qui convenoit d'autant plus particulierement aux Juifs, tel qu'étoit celui-ci, puisqu'il avoit entrée dans le Temple, fermé aux Gentils, que les biens & les maux temporels leur étoient ordinairement distribuez, en recompense de leurs vertus, ou en punition de leurs vices. 4°. Que Jesus-Christ aprés ce grand miracle voyant le concours du Peuple, se déroba de la foule, & ne parut plus en ce lieu : *Jesus enim declinavit à turba constituta in loco*, pour apprendre à ses fidéles Ministres, qu'aprés même les plus grandes merveilles qu'ils pourroient quelquefois avoir operées en son nom; ils doivent se retirer du monde, non seulement par le desir d'éviter les applaudissemens, mais de plus par la crainte de partager leur cœur entre Dieu & le monde, afin d'être uniquement possedez par celui, qui ne les a achetez si chers, qu'afin de les posseder seul, *tanti emit, ut solus possideat* : car le Seigneur jaloux veut tout ou rien, continuë saint Augustin : *Non enim vult Christus communionem, sed solus vult possidere quod emit*. En effet, il est difficile de voir Jesus-Christ dans le monde, *difficile est in turba videre Christum*, puisqu'il ne se découvre que hors du monde, *solitudo quaedam necessaria est*; il est ce souverain Prêtre, qui seul entre dans le sanctuaire, tandis que le Peuple demeure au dehors : *Tanquam Sacerdos magnus unus intravit in interiora veli, turba foris stat.* Si vous voulez donc trouver Jesus-Christ, ne le cherchez pas dans la foule: *Noli Jesum quærere in turba:* Le Peuple fait toûjours du bruit, & l'entretien dans le Sanctuaire avec Jesus, exige le calme: *Turba strepitum habet, visio ista secretum desiderat.* Combien d'exemples pourroit-on en produire ici? Contentons-nous de celui de saint Romuald, lequel aprés que le monde avoit retenti du bruit de ses miracles, & de ses vertus, pendant prés d'un siécle entier, se confina les sept dernieres années de sa vie, dans une grotte, ne voyant plus personne, & ne conversant plus avec personne, voulant déja posseder par avance, comme dans une éternité commencée celui qui vouloit le posseder à jamais dans une éternité consommée: *Denique vir venerabilis per septem ferè annos inclusus mansit, & silentium continuum inviolabiliter tenuit.* Mais, quoi? sa langue se taisoit, & son exemple crioit: *Tacente linguâ & prædicante vitâ.* Sa pénitence cachée attiroit plus de pénitens, que ses sermons publics n'avoient converti de pécheurs; sa retraite faisoit plus de solitaires, que son recueillement au milieu du monde n'avoit rempli de deserts; son repos present ne devint pas moins avantageux aux fideles que ses travaux passez; ses prieres & ses larmes ne furent pas moins fecondes que ses touchantes exhortations, ni son silence moins édifiant que ses conversations publiques l'avoient été: *Vix unquam tantùm laborare potuit, vel in convertendis hominibus, sive ad pœnitentiam concludendis.*

5°. Que le Sauveur par ses paroles: Voilà que vous

êtes gueri, allez, & ne péchez plus, confirma le paralytique dans la possession de la santé corporelle, pour ne retomber pas dans la maladie, & l'affermit dans la santé spirituelle, pour ne retomber plus dans le peché, lui conferant le précieux don de la perseverance dans le bien, *in sanitate confirmat*, conclud saint Chrysostome, observant neanmoins que Jesus-Christ commence par guerir le corps, & ensuite l'ame: *Priùs corpus, deinde animam curavit*; don de fermeté dans le bien, que le paralytique cultiva sans doute avec un religieux soin, en ne se séparant jamais de celui qui ne se separe jamais de nous, si les premiers nous ne nous separons de lui; en ne fermant pas les yeux à ce Soleil de justice, qui ne se couche jamais pour nous, si les premiers nous ne nous couchons pour lui, selon l'expression de saint Augustin; car il y a cette difference, dit ce Pere, entre le Soleil materiel & le Soleil spirituel, que quoi que nous fassions, nous ne pouvons empêcher que le Soleil materiel ne se couche, soit que nous nous couchions, ou ne nous couchions pas, soit que nous le voulions ou ne le voulions pas; mais plus puissans que Josué, qui n'empêcha le coucher du Soleil visible que de quelques heures, nous pouvons empécher que le Soleil de justice ne se couche jamais pour nous, si nous voulons ne nous coucher jamais pour lui: *Et si nolueris Solem tu deserere, ipse te deseret; Deus autem tuus ubique totus est: si non ab illo facias casum, nunquam à te ipse facit occasum.*

FIN.

19. *Janvier* 1713.

www.ingramcontent.com/pod-product-compliance
Ingram Content Group UK Ltd.
Pitfield, Milton Keynes, MK11 3LW, UK
UKHW021015180726
13838UKWH00004B/1547